KINDER IN ANDEREN LÄNDERN

Manuela

– das Indianermädchen aus den Bergen

Von Birgitta Ek und Ulf Hultberg
Illustrationen von Margareta Nordqvist

Reinbeker Kinderbücher
Carlsen Verlag

Das Symbol für das Internationale Jahr des Kindes 1979
wurde mit Genehmigung der Nationalen Kommission für
das Internationale Jahr des Kindes verwendet.

2. Auflage 1980
© Carlsen Verlag GmbH · Reinbek bei Hamburg 1978
Aus dem Schwedischen von Hildegard Bergfeld
Die schwedische Originalausgabe
MANUALA-INDIANFLICKA FRÅN BERGEN
ist von Sveriges Radios förlag, Stockholm,
1978 herausgegeben.
Copyright © Birgitta Ek und Ulf Hultberg 1978
Alle deutschen Rechte vorbehalten
03058092 · ISBN 3-551-51322-8 · Bestellnummer 51322

Morgens ist es immer kalt und naß. Und wenn Manuela, das Indianermädchen, aufwacht, hat es nur einen Becher Wasser zum Waschen. Das reicht gerade, um sich den Schlaf aus den Augen zu reiben. Gestern, als Manuela sich in der kohlrabenschwarzen Nacht auf den kalten Erdboden auf ihre Schilfmatte legte, hatte sie alle Kleider anbehalten. So braucht sie sich jetzt nicht anzuziehen.

Das Wasser muß an der Quelle tief unten in der Schlucht geholt werden.
Es ist mühsam, den hohen Berg mit 15 bis 20 Liter Wasser hinaufzusteigen.
Das Wasser ist vor allem zum Trinken und zum Kochen da. Man darf nur so wenig wie möglich zum Waschen und noch weniger zum Wäschewaschen verbrauchen.

Wenn Manuelas Mutter waschen will, muß sie weit hinuntergehen zu einem fast zugewachsenen See. Ihre Ponchos und Tücher sind schwer und dick und nicht leicht sauberzukriegen. Und Seife hat sie nicht – sie reibt die Wäsche mit Schilf vom See.

Manuela wohnt mitten auf der Erde, mitten unter der Sonne – im Land Ecuador in Südamerika. Zwischen Hunderten von anderen Dörfern hier oben in den Bergen liegt das Dorf, in dem Manuela lebt. Um dahin zu kommen, muß man steinige, schroffe Abhänge hinaufklettern. Hier oben leben die Bergindianer ihr eigenes Leben. Sie wollen nichts mit den weißen Menschen zu tun haben.
Gringos nennen sie die weißen Menschen aus den USA und aus anderen Ländern.

Unten in den Tälern ist die Erde am besten, dort wächst alles gut. Dort ist es feucht und warm, und dort liegen die großen Farmen. Sie gehören reichen, weißen Leuten.

Aber oben in den Bergen ist die Erde schlecht, da wächst nicht viel.
Das Land wird so aufgeteilt, daß alle Kinder einer Familie ein Stück Erde bekommen, wenn sie erwachsen sind. Deshalb wird das Stück Land, das sie zum Leben haben, immer kleiner. Was die Erde hergibt, reicht nicht mehr aus. Viele Indianer müssen in die Stadt ziehen und dort Arbeit suchen.
Oder sie weben und versuchen, das Tuch zu verkaufen. Fast alle spinnen und weben ...
Hier oben in den Bergen lebt Manuela. Das Haus, in dem sie wohnt, sieht genauso aus wie alle anderen Häuser hier. Die Wände sind aus Lehm, der in der Sonne getrocknet ist. Es gibt keine Fenster.

Das Haus sieht aus wie ein kleiner Hügel, in den man hineinkriechen kann. Das Grasdach hängt herunter. Und unter dem Gras sieht man versteckt die Wände. So sehen die Häuser schon seit vielen hundert Jahren aus. Und so hat man auch immer gelebt. Manuela wohnt zusammen mit Mutter, Vater und vier Geschwistern. José, der Älteste, ist zwölf Jahre alt, dann kommt Manuela und dann drei kleinere Geschwister. Sie wohnen in zwei Häusern.

Nachts drängt sich die Familie im Schlafhaus zusammen; der Fußboden ist aus Erde. Die Kleider hängen an einem Seil, das quer durch den Raum gespannt ist. Hier ist auch der Vorrat an Mais, Kartoffeln und Erbsen. In den Ecken quieken Meerschweinchen. Manchmal schlafen auch Schafe, Hühner und Schweine mit den Menschen im gleichen Raum.

Im Kochhaus wird das Essen gemacht. Am Feuer kann man sich wärmen, denn morgens und abends ist es sehr kalt. Die Nächte sind eiskalt. Sie sind so kalt, weil der Ort so hoch oben in den Bergen liegt. Nach Sonnenuntergang ist es dort immer kalt.

Heute morgen hackt José Holz.
Dann treibt er die Schafe den felsigen Steilhang hinunter zum Wasserloch. José versorgt die Schafe, und Manuela hilft beim Hüten. Das ist ihre wichtigste Arbeit.
Dann müssen sie Vater auf dem Acker helfen. Die Erde ist trocken und hart. Alles wächst schlecht.
Das Getreide besteht nur aus einzelnen, dünnen Halmen. Keiner hat die richtigen Geräte zum Bearbeiten der Erde oder Dünger oder wenigstens Wasser zum Gießen. Sie haben nur Sicheln und Hacken zum Arbeiten – sonst nichts.

Manuela und José müssen fast immer auf ihre kleinen Geschwister aufpassen. Während der Arbeit trägt Manuela ihre kleine Schwester in einem Tuch auf dem Rücken.

Man kann gerade so viel schaffen, wie man zum Leben braucht: die Erde bebauen, die Tiere versorgen und weben.
Jeder freie Augenblick muß zum Spinnen und Weben genutzt werden. Manuelas Mutter spinnt immer, egal ob sie geht, steht, läuft, im Bus sitzt, ein Kind oder 40 Kilo Kartoffeln auf dem Rücken trägt. Sie spinnt sogar abends, wenn es dunkel ist. Manuela kann auch schon spinnen.

Manuelas Vater webt einen Poncho, in Rot mit hübschen schwarzen Streifen. Ein Poncho besteht aus zwei Decken, die man zusammennäht. In der Mitte hat er ein Loch für den Kopf. Er ist warm und angenehm, wenn es kalt ist.
Alle Männer und Jungen hier oben in den Bergen haben Ponchos. Darunter tragen sie Hemden und lange Hosen.

José kann auch weben. Er webt Bänder in vielen Farben und verschiedenen Mustern.
Solche Bänder haben alle Frauen um die Taille gewickelt, damit der schwarze, steife Rock gut sitzt. Auf dem Kopf tragen die Frauen runde Filzhüte mit Bändern.

Samstags ist unten in der Stadt Riobamba Markt. Der Markt ist das Wichtigste von der ganzen Woche. Schon früh morgens, wenn es noch dunkel ist, wimmelt es auf den Pfaden von Menschen, die schwere Lasten auf dem Rücken tragen: kleine Kinder, große Grasbündel oder Säcke mit Kartoffeln. Es ist ein langer Weg über den Berg, hinunter in die Welt der Weißen.

Manuela und José sollen versuchen, das Schwein zu verkaufen – für 200 Sucres, so heißt ihr Geld. Das sind knapp zwanzig Mark. „Für weniger dürft ihr es nicht verkaufen", hat Vater gesagt.

Aufkäufer, solche, die billig kaufen und dann auf dem Markt teuer verkaufen, warten am Wegrand und versuchen, ihnen das Schwein zum halben Preis abzuluchsen. Sie locken und bedrängen sie, aber Manuela und José sagen nein.

Auf dem Kleidermarkt versucht Vater Ponchos und gewebte Bänder zu verkaufen.
Mutter versucht, auf dem Lebensmittelmarkt Kartoffeln zu verkaufen.
Die Kinder stehen stundenlang auf dem Viehmarkt zwischen Pferden, Eseln, Schafen und Schweinen. Viele schauen sich das Schwein an, aber niemand will 200 Sucres dafür zahlen. Manuela und José verkaufen es nicht. Was werden Mutter und Vater sagen? Die Kinder müssen das Schwein wieder mit nach Hause nehmen.

Heute brachten sie fast kein Geld mit nach Hause. Vater sagt, daß José jetzt als Träger in der Stadt arbeiten muß, um Geld zu verdienen.
Am Montag, Mittwoch, Freitag und Samstag soll José arbeiten. Dann kann er am Dienstag und am Donnerstag in die Schule gehen. Vater hofft, daß er trotzdem etwas lernt. Manuela muß einen Teil von Josés Arbeit zu Hause übernehmen.

Am Montag macht sich José auf den Weg in die Stadt.
Die Träger sind heruntergekommene, zerlumpte und schmutzige Menschen, die keine andere Arbeit bekommen.

Eine Frau winkt José zu sich.
Sie gehen von Stand zu Stand. Die Last auf dem Rücken wird immer schwerer.
Zum Schluß kauft die Frau einen Sack Kartoffeln; den muß José auch noch auf dem Rücken tragen. Die Frau geht voran, dick und selbstsicher.

Am Abend geht José den langen, steilen Weg zu den Bergen hinauf nach Hause.

Vater zählt das Kleingeld. Es sind sieben Sucres, das ist nicht schlecht. Wenn José so weitermacht, können sie bald eine neue Säge kaufen. José ist so stolz, daß er die Blasen vergißt, die er vom langen Tragen auf den Schultern bekommen hat.

Heute am Dienstag soll Manuela mit ihrem Bruder José in die Schule gehen. Sie war schon einmal dort. Der Weg zur Schule ist lang und beschwerlich. Schon um fünf Uhr morgens müssen sie aufstehen.
Die Jungen werfen ihre Ponchos und Hüte auf einen Haufen: Mit dem Hut auf der Schulbank zu sitzen ist ungefähr so, als wenn man bei uns im Kindergarten mit Winterstiefeln herumläuft.

Niemand hat ein Lesebuch, und nur wenige haben ein Schreibheft. Vater und Mutter haben kein Geld, um José ein Schreibheft und einen Bleistift zu kaufen. Die Kinder trudeln nach und nach ein; sie haben keine Uhr, und oft ist der Weg zur Schule weit. Viele kommen eine ganze Stunde zu spät. 50 Kinder sollen eigentlich kommen, aber viele kommen nicht. Sie müssen zu Hause arbeiten: weben oder Kartoffeln lesen oder Wasser für ihre Mutter holen, die waschen muß.
Vier Klassen sind im gleichen Klassenzimmer.

In Ecuador halten sich viele weiße Menschen für besser als die Indianer. Aber die Indianer waren die ersten Menschen, die in diesem Land lebten. Erst dann kamen Weiße; sie kamen aus Spanien. Das war vor vielen hundert Jahren. Sie nahmen den Indianern das Land weg und verlangten, daß die Indianer wie sie selbst lebten – obwohl die Indianer ihre eigene Art zu leben hatten. Sie töteten auch viele Indianer.

In der ganzen Zeit danach wurde es eigentlich immer schlechter für die Indianer und für alle armen Menschen in Ecuador und ganz Südamerika. Die reichen Länder nehmen sich Öl, Bananen, Kaffee und anderes – aber sie geben fast nichts dafür.

Und diese Menschen werden nur ärmer, obwohl sie arbeiten, soviel sie können. Am schlechtesten geht es den Indianern. Bevor die Indianerkinder an diesem Tag wieder nach Hause gehen, singen sie ein Lied in der Indianersprache, in Ketschua. Es handelt von einem reichen Landbesitzer, der hart und ungerecht zu seinen Landarbeitern ist.

Das Lied lautet so:
„Er ist einer,
aber wir sind viele!"

Dieses Lied kann auch Manuela, denn das singt sie immer mit Mutter, wenn sie zusammen beim Spinnen sitzen.

Das Land Ecuador

In Ecuador gibt es viele verschiedene Menschen, die in unterschiedlichen Verhältnissen leben.

Ecuador ist ein kleines Land im Nordwesten Südamerikas. Es hat drei ganz verschiedene Klimazonen: An der Küste ist das Klima tropisch. Dort wachsen Bananen, und dort sind die großen Häfen. Die meisten Menschen wohnen in den Bergen, in den Anden. Viele sind Bergindianer, die in Tälern und an Steilhängen wohnen, oft hoch oben in den Bergen. Im Osten, in dem Gebiet um den Amazonas, liegt ein großes, kaum bevölkertes Dschungelgebiet mit Regenwäldern. Dort wohnen viele Indianer an den Flußufern. Neuerdings gibt es dort Öltürme, denn man hat viel Öl gefunden. Manuela wohnt hoch oben in den Bergen. Die Indianerhütten liegen verstreut zwischen Ackerland, das von Agaven umgeben ist – die Indianer pflanzen die Agaven in eine Reihe, anstelle von Zäunen. Wohin man auch schaut und wo man einen Fleck Erde sieht, haben die Menschen das Land bebaut.

Das ist das Land der Bergindianer. Hierhin kommt kein Gutsbesitzer, denn die Erde ist schlecht und schwer zu bearbeiten.

In Südamerika gibt es viele Indianerstämme. Sie haben verschiedene Sprachen, verschiedene Lebensarten, und sie kleiden sich verschieden. Manche leben im Dschungel, andere leben vom Fischen oder von der Tierzucht. Die Bergindianer, von denen in diesem Buch erzählt wird, leben in den Anden. Die Anden sind eine lange Gebirgskette, die durch ganz Südamerika verläuft.

Aber es gibt auch viele Städte in Ecuador. Viele Menschen arbeiten als Landarbeiter auf den großen Farmen der Gutsbesitzer. Andere ziehen in die Städte und hoffen, dort Arbeit zu finden. Aber sie finden entweder keine oder nur schlecht bezahlte Arbeit.

Es gibt viele Menschen auf der Welt, die die Indianer unterstützen und die erreichen wollen, daß sie ein besseres Leben haben, ein Leben, das ihren jahrtausendealten Sitten und Gebräuchen entspricht.

SÜDAMERIKA

ECUADOR